VER-VERT

O U

LES VOYAGES

D U

PERROQUET

DE LA

VISITATION DE NEVERS.

POEME

HEROI-COMIQUE.

LA CRITIQUE DE VER-VERT,
Comedie en un Acte.
LE CARESME IMPROMPTU.
LE LUTRIN VIVANT.

A LA HAYE,

Chez PIERRE DE HONDT.

M. DCC. LVII.

AVERTISSEMENT

DU LIBRAIRE.

VOICI un Ouvrage de M. G***. fameux par la Traduction des Eglogues de Virgile & par d'autres petites Piéces qui font dans le même Recuëil, mis au jour cette année. On peut dire que ce petit Poëme eft tout-à-fait rempli de bon fens, & que l'Auteur a parfaitement bien réüffi à peindre l'éducation d'un aimable Perroquet, les foins qu'en prenoient de faintes & dévotes Religieufes, dont la piété n'étoit pas fi rigide, qu'elle ne prît quelque relâche. La piété, les voyages du faint Oifeau, la perte de fon innocence, fa converfion & fa mort étoient certes des objets bien dignes de la joye & des pleurs de ces aimables Nonnes. Glofe qui voudra, il n'y a que des cœurs infenfibles, qui ne foient pas touchés à la vûë d'un objet fi charmant. Je ne fuis pas de ce nombre ; auffi me fuis-je trouvé obligé de rendre juftice à l'Auteur & à l'amour de fes Héroïnes. Un de fes amis qui eft auffi des miens, m'a envoyé la Copie que je mets aujourd'hui au jour. Je profite de cette oc-
cafion ;

casion, mon cher Lecteur, pour vous faire connoître combien je suis zèlé pour vôtre divertissement. Les deux petites Piéces qui suivent, ne sont pas moins agréables, & je suis persuadé qu'elles réjoüiront autant les Curés sçavans, que les Chanoines dévots.

VER-

VER-VERT.
A MADAME
L'ABBESSE D***

CHANT PREMIER.

VOUS, près de qui les Graces folitaires
Brillent fans fard, & régnent fans fierté;
Vous, dont l'efprit né pour la vérité,
Sçait allier à des vertus auftéres
Le goût, les ris, l'aimable liberté;
Puifqu'à vos yeux vous voulez que je trace
D'un noble Oifeau la touchante difgrace,
Soyez ma Mufe, échauffez mes accens,
Et prêtez-moi ces fons intéreffans,
Ces tendres fons que forma votre lyre,
Lorfque Sultane, * au printems de fes jours,
Fut enlevée à vos triftes amours,
Et defcendit au ténébreux Empire,
De mon Héros les illuftres malheurs
Peuvent auffi fe promettre à vos pleurs.
Sur fa vertu par le fort traverfée,
Sur fon voyage & fes longues erreurs,

* *Epagneule.*

A

On auroit pu faire un autre Odiſſée,
Et, par vingt Chants, endormir les Lecteurs:
On auroit pu, des Fables ſurannées,
Reſſuſciter les Diables & les Dieux,
Des faits d'un mois, occuper des années,
Et, ſur des tons d'un ſublime ennuyeux,
Pſalmodier la cauſe infortunée
D'un Perroquet non moins brillant qu'Enée;
Non moins dévot, plus malheureux que lui;
Mais trop de Vers entraînent trop d'ennui.
Les Muſes ſont des Abeilles volages:
Leur goût voltige; il fuit les longs ouvrages,
Et ne prenant que la fleur d'un ſujet,
Vole bien-tôt ſur un nouvel objet.
Dans vos leçons j'ai puiſé ces maximes;
Puiſſent vos loix ſe lire dans mes rimes !
Si, trop ſincére, en traçant ces portraits,
J'ai dévoilé les myſtéres ſecrets,
L'art des parloirs, la ſcience des grilles,
Les graves riens, les myſtiques vétilles,
Votre enjouement me paſſera ces traits;
Votre raiſon, exempte de foibleſſes,
Sçait vous ſauver ces fades petiteſſes;
Sur votre eſprit, ſoumis au ſeul devoir,
L'illuſion n'eut jamais de pouvoir:
Vous ſçavez trop qu'un front que l'art déguiſe,
Plaît moins au Ciel qu'une aimable franchiſe.
Si la vertu ſe montroit aux mortels,
Ce ne ſeroit, ni par l'art des grimaces,
Ni ſous des traits farouches & cruels;
Mais ſous votre air, ou ſous celui des Graces,
Qu'elle viendroit mériter nos Autels.

Dans maint Auteur de ſcience profonde,
J'ai lû qu'on perd à trop courir le monde:
Très-rarement en devient-on meilleur:
Un ſort errant ne conduit qu'à l'erreur.
Il nous vaut mieux vivre au ſein de nos Lares,

Et conferver, paifibles Cafaniers,
Notre vertu dans nos propres foyers,
Que parcourir bords lointains & barbares :
Sans quoi le cœur, victime des dangers,
Revient chargé de vices étrangers.

L'affreux deftin du Héros que je chante,
En éternife une preuve touchante :
Tous les échos des parloirs de Nevers,
Si l'on en doute, attefteront mes Vers.

A Nevers donc, chez les Vifitandines,
Vivoit n'a guéres un Perroquet fameux,
A qui fon art & fon cœur généreux,
Ses vertus même & fes graces badines ;
Auroient dû faire un fort moins rigoureux,
Si les beaux cœurs étoient toujours heureux.

VER-VERT (c'étoit le nom du perfonnage)
Tranfplanté-là, de l'Indien rivage,
Fut, jeune encore, ne fçachant rien de rien,
Au fufdit Cloître enfermé pour fon bien,
Il étoit beau, brillant, lefte & volage,
Aimable & franc comme on l'eft au bel âge,
Né tendre & vif, mais encore innocent ;
Bref, digne Oifeau d'une fi fainte cage,
Par fon caquet digne d'être en Couvent.

Pas n'eft befoin, je penfe, de décrire
Les foins des Sœurs, des Nones, c'eft tout dire,
Et chaque Mere, après fon Directeur,
N'aimoit rien tant ; même dans plus d'un cœur,
Ainfi l'écrit un Chroniqueur fincére,
Souvent l'Oifeau l'emporta fur le Pere.
Il partageoit, dans ce paifible lieu,
Tous les fyrops dont le cher Pere en Dieu,
Grace aux bienfaits des Nonettes fucrées,
Réconfortoit fes entrailles facrées.
Objet permis à leur oifif amour,
VER-VERT étoit l'ame de ce féjour :
Exceptez-en quelques vieilles dolentes,

Des jeunes cœurs jalouses surveillantes,
Il étoit cher à toute la maison.
N'étant encore dans l'âge de raison,
Libre, il pouvoit & tout dire & tout faire;
Il étoit sûr de charmer & de plaire.
Des bonnes Sœurs égayant les travaux,
Il becquetoit & guimpes & bandeaux;
Il n'étoit point d'agréable partie,
S'il n'y venoit briller, caracoller,
Papillonner, sifler, rossignoler;
Il badinoit, mais avec modestie,
Avec cet air timide & tout prudent,
Qu'une Novice a même en badinant.
Par plusieurs voix interrogé sans cesse,
Il répondoit à tout avec justesse :
Tel autrefois César, en même-tems,
Dictoit à quatre, en styles différens.

   Admis par-tout, si l'on en croit l'Histoire;
L'Amant chéri mangeoit au Réfectoire;
Là, tout s'offroit à ses friands desirs;
Outre qu'encore pour ses menus plaisirs,
Pour occuper son ventre infatigable,
Pendant le tems qu'il passoit hors de table;
Mille bonbons, mille exquises douceurs,
Chargeoient toujours les poches de nos Sœurs.
Les petits soins, les attentions fines,
Sont nés, dit-on, chez les Visitandines;
L'heureux VER-VERT l'éprouvoit chaque jour,
Plus mitonné qu'un Perroquet de Cour,
Tout s'occupoit du beau Pensionnaire,
Ses jours couloient dans un noble loisir :
Au grand Dortoir il couchoit d'ordinaire;
Là, de cellule il avoit à choisir :
Heureux encore, trop heureuse la Mere
Dont il daignoit, au retour de la nuit,
Par sa présence honorer le réduit !
Très-rarement les antiques discrettes

Logeoient l'Oifeau ; des Novices proprettes
L'alcove fimple étoit plus de fon goût ;
Car remarquez qu'il étoit propre en tout,
Quand chaque foir le jeune Anachorette
Avoit fixé fa nocturne retraite,
Jufqu'au lever de l'Aftre de Vénus,
Il repofoit fur la boëte aux Agnus :
A fon réveil, de la fraîche Nonette,
Libre Témoin, il voyoit la Toilette.
Je dis Toilette, & je le dis tout bas ;
Oui, quelque part, j'ai lû qu'il ne faut pas
Aux fronts voilés des miroirs moins fidelles,
Qu'aux fronts ornés de pompons & dentelles :
Ainfi qu'il eft pour le Monde & les Cours,
Un art, un goût de modes & d'atours,
Il eft auffi des modes pour le voile ;
Il eft un art de donner d'heureux tours
A l'étamine, à la plus fimple toile.
Souvent l'effain des folâtres amours,
Effain qui fçait franchir grilles & tours,
Donne aux bandeaux une grace piquante,
Un air galant à la guimpe flottante ;
Enfin, avant de paroître au parloir,
On doit au moins deux coups d'œil au miroir.
Ceci foit dit, entre nous, en filence :
Sans autre écart, revenons au Héros.
Dans ce féjour de l'oifive indolence,
VER-VERT vivoit fans ennuis, fans travaux,
Dans tous les cœurs il régnoit fans partage,
Pour lui Sœur Thécle oublioit les moineaux ;
Quatre ferins en étoient morts de rage,
Et deux matous, autrefois en faveur,
Dépériffoient d'envie & de langueur.
 Qui l'auroit dit ! en ces jours pleins de charmes,
Qu'en pure perte on cultivoit fes mœurs ;
Qu'un tems viendroit, tems de crimes & d'allarmes,
Où ce VER-VERT, tendre idole des cœurs,

Ne feroit plus qu'un trifte objet d'horreurs!
Arrête, Mufe., & retarde les larmes
Que doit coûter l'afpect de fes malheurs,
Fruit trop amer des égards de nos Sœurs.

CHANT SECOND.

ON juge bien qu'étant à telle école,
Point ne manquoit du don de la parole,
L'Oifeau difert ; hormis dans les repas,
Tel qu'une None, il ne déparloit pas:
Bien eft-il vrai qu'il parloit comme un livre,
Toujours d'un ton confit en fçavoir vivre.
Il n'étoit point de ces fiers Perroquets
Que l'air du fiécle a rendu trop coquets,
Et qui, fiflés par des bouches mondaines,
N'ignorent rien des vanités humaines.
VER-VERT étoit un Perroquet dévot,
Une belle ame innocemment guidée ;
Jamais du mal il n'avoit eu l'idée,
Ne difoit onc un immodefte mot:
Mais en revanche il fçavoit des Cantiques,
Des *Oremus*, des Colloques myftiques,
Il difoit bien fon *Benedicite*,
Et *notre Mere* & *votre Charité* ;
Il fçavoit même un peu du Soliloque,
Et des traits fins de Marie à la Coque:
Il avoit eu dans ce docte manoir ;
Tous les fecours qui ménent au fçavoir.
Il étoit-là maintes filles fçavantes,
Qui mot pour mot portoient dans leurs cerveaux
Toûs les Noëls anciens & nouveaux.
Inftruit, formé par leurs leçons fréquentes,
Bientôt l'Eléve égala fes Régentes ;
De leur ton même, adroit imitateur,
Il exprimoit la pieufe lenteur,

Les faints foupirs, les notes languiffantes
Du chant des Sœurs, colombes gémiffantes :]
Finalement, VER-VERT fçavoit par cœur
Tout ce que fçait une Mere de Chœur.
　Trop refferré dans les bornes d'un Cloître,
Un tel mérite au loin fe fit connoître ;
Dans tout Nevers, du matin jufqu'au foir,
Il n'étoit bruit que des fcènes mignones
Du Perroquet des bienheureufes Nones ;
De Moulins même on venoit pour le voir.
Le beau VER-VERT ne bougeoit du parloir :
Sœur Mélanie, en guimpe toujours fine,
Portoit l'Oifeau : d'abord, aux fpectateurs
Elle en faifoit admirer les couleurs,
Les agrémens, la douceur enfantine ;
Son air heureux ne manquoit point les cœurs.
Mais la beauté du tendre Néophire,
N'étoit encore que le moindre mérite ;
On oublioit fes attraits enchanteurs,
Dès que fa voix frapoit les Auditeurs.
Oiné, rempli des faintes gentilleffes
Que lui dictoient les plus jeunes Profeffes,
L'illuftre Oifeau commençoit fon récit ;
A chaque inftant de nouvelles fineffes,
Des charmes neufs varioient fon débit :
Eloge unique & difficile à croire,
Pour tout parleur qui dit publiquement,
Nul ne dormoit dans tout fon Auditoire ;
Quel Orateur en pourroit dire autant ?
On l'écoutoit, on vantoit fa mémoire ;
Lui, cependant, ftylé parfaitement,
Bien convaincu du néant de la gloire,
Se rengorgeoit toujours dévotement,
Et triomphoit toujours modeftement :
Quand il avoit débité fa fcience,
Serrant le bec & parlant en cadence,
Il s'inclinoit d'un air fanctifié,

A 4

Et laiſſoit-là ſon monde édifié.
Il n'avoit dit que des phraſes gentilles,
Que des douceurs, excepté quelques mots
De médiſance, & tels propos de filles
Que par hazard il aprenoit aux grilles,
Qu que nos Sœurs traitoient dans leurs enclos.

Ainſi vivoit dans ce nid délectable,
En maître, en ſaint, en ſage véritable,
Pere V E R - V E R T, cher à plus d'un Hébé,
Gras comme un Moine, & non moins vénérable,
Beau comme un cœur, ſçavant comme un Abbé ;
Toujours aimé, comme toujours aimable,
Civiliſé, muſqué, pincé, rangé,
Heureux enfin, s'il n'eût pas voyagé.

Mais vint ce tems d'affligeante mémoire,
Ce tems critique où s'éclipſe ſa gloire.
O crime ! O honte ! O cruel ſouvenir !
Fatal voyage aux yeux de l'avenir !
Que ne peut-on en dérober l'hiſtoire ?
Ah, qu'un grand nom eſt un bien dangereux !
Un ſort caché fut toujours plus heureux.
Sur cet exemple, on peut ici m'en croire ;
Trop de talens, trop de ſuccès flâteurs
Traînent ſouvent la ruine des mœurs.

Ton nom, V E R - V E R T, tés proueſſes brillantes
Ne furent point bornées à ces climats ;
La renommée annonça tes apas,
Et vint porter ta gloire juſqu'à Nantes.
Là, comme on ſçait, la Viſitation,
A ſon Bercail de Révérendes Meres,
Qui, comme ailleurs, dans cette Nation,
A tout ſçavoir ne ſont pas les derniéres ;
Par quoi bientôt, aprenant des premiéres
Ce qu'on diſoit du Perroquet vanté,
Déſir leur vint d'en voir la vérité.
Déſir de fille eſt un feu qui dévore,
Déſir de None eſt cent fois pis encore,

Déja les cœurs s'envolent à Nevers ;
Voilà d'abord vingt têtes à l'envers
Pour un oiseau. L'on écrit tout-à-l'heure
En Nivernois à la Supérieure,
Pour la prier que l'oiseau plein d'attraits,
Soit pour un tems, amené par la Loire ;
Et que, conduit au rivage Nantais,
Lui-même il puisse y jouir de sa gloire,
Et se prêter à de tendres souhaits.

La Lettre part. Quand viendra la réponse ?
Dans douze jours ; quel siécle jusques-là !
Lettre sur Lettre, & nouvelle semonce :
On ne dort plus ; Sœur Cecile en mourra.

Or, à Nevers arrive enfin l'Epître.
Grave sujet ; on tient le grand Chapitre.
Telle Requête effarouche d'abord.
Perdre VER-VERT ! O Ciel, plutôt la mort !
Dans ces tombeaux, sous ces tours isolées,
Que ferons-nous, si ce cher oiseau sort ?
Ainsi parloient les plus jeunes voilées,
Dont le cœur vif, & las de son loisir
S'ouvroit encore à l'innocent plaisir :
Et, dans le vrai, c'étoit la moindre chose
Que cette troupe étroitement enclose,
A qui, d'ailleurs, tout autre oiseau manquoît,
Eût, pour le moins un pauvre Perroquet.
L'avis, pourtant des Meres assistantes,
De ce Sénat antiques Présidentes,
Dont le vieux cœur aimoit moins vivement,
Fut d'envoyer le Pupille charmant
Pour quinze jours ; car, en têtes prudentes,
Elles craignoient qu'un refus obstiné
Ne les brouillât avec nos Sœurs de Nantes,
Ainsi jugea l'Etat embéguiné.

Après ce Bill des Milledis de l'Ordre,
Dans la commune arrive grand désordre :
Quel sacrifiçe ! Y peut-on consentir ?

Eſt-il donc vrai ? (dit la Sœur Séraphine)
Quoi nous vivons, & VER-VERT va partir !
D'une autre part, la Mere Sacriſtine
Trois fois pâlit, ſoupire quatre fois,
Pleure, frémit, ſe pâme, perd la voix :
Tout eſt en deuil, je ne ſçai quel préſage,
D'un noir crayon, leur trace ce voyage ;
Pendant la nuit, des ſonges pleins d'horreur,
Du jour encore redouble la terreur.
Trop vains regrets ! L'inſtant funeſte arrive ;
Jà, tout eſt prêt ſur la fatale rive ;
Il faut enfin ſe réſoudre aux adieux,
Et commencer une abſence cruelle :
Jà, chaque Sœur gémit en Tourterelle,
Et plaint d'avance un veuvage ennuyeux.
Que de baiſers au ſortir de ces lieux
Reçut VER-VERT ! Quelles tendres allarmes !
On ſe l'arrache, on le baigne de larmes :
Plus il eſt prêt de quitter ce ſéjour,
Plus on lui trouve & d'eſprit & de charmes ;
Enfin, pourtant, il a paſſé le tour :
Du Monaſtére, avec lui, fuit l'amour.
Pars, va mon fils, vole où l'honneur t'apelle,
Reviens charmant, reviens toujours fidèle ;
Que les Zéphirs te portent ſur les flots,
Tandis qu'ici dans un triſte repos,
Je languirai forcément exilée,
Sombre, inconnue, & jamais conſolée ;
Pars, cher VER-VERT, & dans ton heureux cours,
Sois pris par tout pour l'aîné des amours.
Tel fut l'adieu d'une Nonain poupine,
Qui pour diſtraire & charmer ſa langueur,
Entre deux draps avoit, à la ſourdine,
Très-ſouvent fait l'Oraiſon dans Racine,
Et qui, ſans doute, auroit de très-grand cœur,
Loin du Couvent, ſuivi l'oiſeau parleur.
Mais c'en eſt fait, on embarque le drôle,

Jufqu'à prefent vertueux, ingénu,
Jufqu'à prefent modefte en fa parole :
Puiffe fon cœur, conftamment défendu,
Au Cloître, un jour, raporter fa vertu :
Quoiqu'il en foit, déja la rame vole,
Du bruit des eaux les airs ont retenti,
Un bon vent foufle, on part, on eft parti.

CHANT TROISIE'ME.

LA même Nef legére & vagabonde
Qui vóituroit le faint oifeau fur l'onde,
Portoit auffi deux Nymphes, trois Dragons,
Une Nourrice, un Moine, deux Gafcons,
Pour un enfant qui fort du Monaftére,
C'étoit échoir en dignes compagnons !
Auffi VER-VERT, ignorant leurs façons,
Se trouve-là comme en terre étrangére ;
Nouvelles langues & nouvelles leçons.
L'oifeau furpris n'entendoit point leur ftyle ;
Ce n'étoit plus paroles d'Evangile,
Ce n'étoit plus ces pieux entretiens,
Ces traits de Bible & d'Oraifons mentales
Qu'il entendoit chez nos douces Veftales,
Mais de gros mots, & non des plus chétiens,
Car les Dragons, race affez peu dévote,
Ne parloient-là que langue de gargotte :
Charmant au mieux les ennuis du chemin,
Ils ne fêtoient que le Patron du Vin ;
Puis les Gafcons & les trois Perronnelles
Y concertoient fur des tons de ruelles :
De leur côté, les Bâteliers juroient,
Rimoient en Dieu, blafphêmoient & facroient ;
Leur voix ftilée aux tons mâles & fermes,
Articuloit fans rien perdre des termes.

Dans le fracas, confus, embarraſſé,
VER-VERT gardoit un ſilence forcé ;
Triſte, timide, il n'oſoit ſe produire,
Et ne ſçavoit que penſer ni que dire.

　　Pendant la route on voulut par faveur
Faire cauſer le Perroquet rêveur ;
Frere Lubin, d'un ton peu Monaſtique,
Interrogea le beau mélancolique ;
L'Oiſeau benin prend ſon air de douceur
Et vous pouſſant un ſoupir méthodique,
D'un ton pédant répond, *Ave ma Sœur* :
A cet *Ave*, jugez ſi l'on dût rire ;
Tous en *chorus* bernent le pauvre ſire ;
Ainſi berné, le Novice interdit,
Comprit en ſoi qu'il n'avoit pas bien dit,
Et qu'il feroit mal mené des comméres,
S'il ne parloit la langue des confréres :
Son cœur né fier, & qui juſqu'à ce tems
Avoit été nourri d'un doux encens,
Ne pût garder ſa modeſte conſtance
Dans cet aſſaut de mépris flétriſſans ;
A cet inſtant en perdant patience,
VER-VERT perdit ſa premiére innocence.
Dès-lors ingrat, en ſoi-même il maudit
Les chéres Sœurs, ſes premiéres maîtreſſes,
Qui n'avoient pas ſçu mettre en ſon eſprit
Du beau François les brillantes fineſſes,
Les ſons nerveux & les délicateſſes.
A les aprendre il met donc tous ſes ſoins,
Parlant très-peu, mais n'en penſant pas moins,
D'abord l'Oiſeau, comme il n'étoit pas bête,
Pour faire place à de nouveaux diſcours,
Vit qu'il devoit oublier pour toujours,
Tous les gaudés qui farciſſoient ſa tête ;
Ils furent tous oubliés en deux jours,
Tant il trouva la langue à la dragonne
Plus du bel air que les termes de None,
En moins de rien l'éloquent animal,

helas. toy.

Hélas! jeuneſſe aprend trop bien le mal!
L'animal, dis-je, éloquent & docile,
En moins de rien fut rudement habile.
Bien vîte il ſçut jurer & maugréer
Mieux qu'un vieux diable au fond d'un bénitier:
Il démentit les célébres maximes,
Où nous liſons qu'on ne vient aux grands crimes
Que par degrés. Il fut un ſcelérat
Profès d'abord, & ſans noviciat.
Trop bien ſçut-il graver en ſa mémoire
Tout l'alphabet des Bâteliers de Loire;
Dès qu'un d'iceux, dans quelque vertigo,
Lâchoit un _mor..._ VER-VERT faiſoit l'écho:
Lors aplaudi par la bande ſuſdite,
Fier & content de ſon petit mérite,
Il n'aima plus que le honteux honneur.
De ſçavoir plaire au monde ſuborneur,
Et dégradant ſon généreux organe,
Il ne fut plus qu'un Orateur profane:
Faut-il, qu'ainſi l'exemple ſéducteur,
Du Ciel au Diable emporte un jeune cœur!
    Pendant ces jours, durant ces triſtes ſcènes,
Que faiſiez-vous dans vos Cloîtres déſerts,
Chaſtes Iris du Couvent de Nevers?
Sans doute, hélas! vous faiſiez des neuvaines
Pour le retour du plus grand des ingrats,
Pour un volage indigne de vos peines,
Et qui, ſoumis à des nouvelles chaînes,
De vos amours ne faiſoit plus de cas.
Sans doute, alors, l'accès du Monaſtere
Etoit d'ennuis triſtement obſédé;
La grille étoit dans un deuil ſolitaire,
Et le ſilence étoit preſque gardé.
Ceſſez vos vœux, VER-VERT n'eſt plus digne;
VER-VERT n'eſt plus cet oiſeau révérend,
Ce Perroquet d'une humeur ſi bénigne,
Ce cœur ſi pur cet eſprit ſi fervent;
Vous le dirai-je? Il n'eſt plus qu'un brigand,

Lâche apoftat, blafphémateur infigne;
Les vents legers, & les Nymphes des eaux
Ont moiffonné le fruit de vos travaux.
Ne vantés point fa fcience finie:
Sans la vertu, que vaut un grand génie?
N'y penfés plus: l'infâme a, fans pudeur,
Proftitué fes talens & fon cœur.

　　Déja, pourtant, on aproche de Nantes,
Où languiffoient nos Sœurs impatientes:
Pour leurs defirs le jour trop tard naiffoit,
Des Cieux, trop tard, le jour difparoiffoit,
Dans ces ennuis, l'efpérance flâteufe,
A nous tromper toujours ingénieufe,
Leur promettoit un efprit cultivé,
Un Perroquet noblement élevé,
Une voix tendre, honnête, édifiante,
Des fentimens, un mérite achevé;
Mais, ô douleur! O vaine & fauffe attente!
　　La Nef arrive, & l'équipage en fort.
Une Touriére étoit affife au port.
Dès le départ de la première lettre,
Là, chaque jour, elle venoit fe mettre;
Ses yeux errans fur le lointain des flots,
Sembloient hâter le vaiffeau du Héros.
En débarquant auprès de la Béguine,
L'oifeau madré la connut à la mine,
A fon œil prude, ouvert en tapinois,
A fa grand'coëffe, à fa fine étamine,
A fes gants blancs, à fa mourante voix,
Et, mieux encore, à fa petite croix:
Il en frémit, & même il eft croyable,
Qu'en militaire, il la donnoit au Diable;
Trop mieux aimant fuivre quelque Dragon,
Dont il fçavoit le bachique jargon,
Qu'aller aprendre encore les Litanies,
La révérence & les cérémonies:
Mais force fut au Grivois dépité
D'être conduit au gîte deteflé.

Malgré ſes cris la Touriére l'emporte:
Il la mordoit, dit-on, de bonne ſorte,
Chemin faiſant; les uns diſent, au cou
D'autres, au bras: on ne ſçait pas bien où;
D'ailleurs, qu'importe? A la fin, non ſans peine,
Dans le Couvent la Béate l'emmeine;
Elle l'annonce. Avec grande rumeur
Le bruit en court. Aux premiéres nouvelles
La cloche ſonne. On étoit lors au chœur:
On quitte tout, on court, on a des aîles:
C'eſt lui, ma Sœur, il eſt au grand Parloir.
On vole en foule, on grille de le voir;
Les vieilles même, au marcher ſymmétrique,
Des ans tardifs ont oublié le poids:
Tout rajeunit; & la Mere Angélique
Courut alors pour la premiére fois.

CHANT QUATRIE'ME.

ON voit enfin, on ne peut ſe repaître
Aſſez les yeux des beautés de l'oiſeau:
C'étoit raiſon; car le fripon pour être
Moins bon garçon, n'en étoit pas moins beau.
Cet œil guerrier, & cet air petit-maître
Lui prêtoient même un agrément nouveau.
Faut-il, grand Dieu; que ſur le front d'un traître
Brillent ainſi les plus tendres attraits!
Que ne peut-on diſtinguer & connoître
Les cœurs pervers à de difformes traits?
Pour admirer les charmes qu'il raſſemble,
Toutes les Sœurs parlent toutes enſemble;
En entendant cet eſſain bourdonner;
On eût, à peine, entendu Dieu tonner:
Lui, cependant, parmi tout ce vacarme,
Sans daigner dire un mot de piété,
Rouloit les yeux d'un air d'un jeune Carme.
Premier grief. Cet air trop effronté.

Fut un scandale à la Communauté.
En second lieu, quand la Mere Prieure,
D'un air auguste, en fille intérieure,
Voulut parler à l'oiseau libertin ;
Pour premiers mots, & pour toute réponse,
Nonchalamment, & d'un air de dédain,
Sans bien songer aux horreurs qu'il prononce,
Mon Gars répond, avec un ton faquin,
Par la corbleu ! Que les Nones sont folles ?
L'histoire dit qu'il avoit, en chemin,
D'un de la troupe entendu ces paroles.
A ce début, la Sœur Saint Augustin,
D'un air sucré, voulant le faire taire,
Et lui disant : Fi donc, mon très-cher Frere !
Le très-cher Frere indocile & mutin,
Vous la rima très-richement en tain.
Vive Jesus ! Il est sorcier, ma Mere,
Répond la *Sœur*; Juste Dieu ! Quel coquin :
Quoi ! C'est donc-là ce Perroquet divin ;
Ici VER-VERT, en vrai gibier de Gréve,
L'apostropha, d'un *La peste te creve.*
Chacune vint pour brider le caquet
Du Grenadier, chacune eut son paquet !
Turlupinant les jeunes précieuses,
Il imitoit leur courroux babillard ;
Plus déchaîné sur les Vieilles grondeuses,
Il bafouoit leur sermon nazillard :
Ce fut bien pis, quand d'un ton de Corsaire ;
Las, excédé de leurs fades propos,
Bouffi de rage, écumant de colére,
Il entonna tous les horribles mots
Qu'il avoit sçu raportér des bâteaux ;
Jurant, sacrant d'une voix dissolue,
Faisant passer tout l'enfer en revûe,
Les B, les F, voltigeoient sur son bec.
Les jeunes Sœurs crurent qu'il parloit grec.
Jour de Dieu ! ... mor ! ... mille pipes de diables !
Toute la grille, à ces mots effroyables,

Tremble

Tremble d'horreur , les Nonettes fans voix
Font en fuyant ; mille fignes de croix :
Toutes penfant être à la fin du monde,
Courent en poftent aux caves de Couvent ;
Et fur fon nez , la Mere Cunegonde
Se laiffant cheoir , perd fa derniére dent.
Ouvrant à peine un fépulchral organe ;
Pere éternel ! dit la Sœur Bibiane ,
Miféricorde ! Ah ! Qui nous a donné
Cet Antechrift , ce démon incarné ?
Mon doux Sauveur ! En quelle confcience
Peut-il ainfi jurer comme un damné ?
Eft-ce donc-là l'efprit & la fcience
De ce Ver-Vert fi chéri , fi prôné ?
Qu'il foit banni , qu'il foit remis en route .
O Dieu d'amour, reprend la Sœur-Ecoute,
Quelles horreurs ! Chez nos Sœurs de Nevers ,
Quoi ! parle-t-on ce langage pervers ?
Quoi ! c'eft ainfi qu'on forme la jeuneffe !
Quel hérétique ! O divine fageffe !
Qu'il n'entre point ; avec ce Lucifer,
En garnifon nous aurions tout l'enfer.
   Conclufion. Ver-Vert eft mis en cage ;
On fe réfout, fans tarder davantage ,
A renvoyer le parleur fcandaleux.
Le Pélerin ne demandoit pas mieux :
Il eft profcrit , déclaré déteftable ,
Abominable , atteint & convaincu
D'avoir tenté d'entamer la vertu
Des faintes Sœurs : toutes de l'exécrable
Signent l'arrêt en pleurant le coupable ;
Car , quel malheur qu'il fût fi dépravé ,
N'étant encore qu'à la fleur de fon âge,
Et qu'il portàt fous un fi beau plumage ,
La fiére humeur d'un efcroc achevé ,
L'air d'un Payen, le cœur d'un réprouvé.
Il part enfin , porté par la Touriére,
Mais fans la mordre, en retournant au port ;

B

Une cabane emporte le compere ;
Et fans regret, il fuit ce trifte bord.
   De fes malheurs telle fut l'Iliade.
Quel défefpoir ! lorfqu'enfin de retour,
Il vint donner pareille férénade,
Pareil fcandale en fon premier féjour.
Que réfoudront nos Sœurs inconfolables ?
Les yeux en pleurs , les fens d'horreur troublés,
En manteaux longs , en voiles redoublés,
Au Difcrétoire , entrent neuf Vénérables ;
Figurez-vous neuf fiécles affemblés.
Là , fans efpoir d'aucun heureux fuffrage,
Privé des Sœurs qui plaideroient pour lui ,
En plein parquet enchaîné dans fa cage,
VER-VERT paroît fans gloire & fans apui.
On eft aux voix ; déja deux des Sybilles.
En billets noirs ont crayonné fa mort ;
Deux autres Sœurs , un peu moins imbécilles,
Veulent , qu'en proie à fon malheureux fort,
On le renvoye au rivage profane
Qui le vit naître avec le noir Brachmane :
Mais, de concert, les cinq derniéres voix,
Du châtiment déterminent le choix.
On le condamne à deux mois d'abftinence,
Trois de retraite, & quatre de filence,
Jardins , toilette, alcoves & bifcuits,
Pendant ce temps, lui feront interdits.
Ce n'eft point tout ; pour comble de mifére ;
On lui choifit pour garde , pour geoliére ,
Pour entrétien , l'Alecton du couvent ,
Une Converfe , infante douairiére ,
Singe voilé , fquélete octogénaire,
Spectacle , fait pour l'œil d'un Pénitent.
Malgré les foins de l'Argus inflexible.
Dans leurs loifirs fouvent d'aimables Sœurs,
Venant le plaindre avec un air fenfible,
De fon exil fufpendoit les rigueurs.
Sœur Rofalie , au retour des Matines ,

Plus d'une fois lui porta des pralines,
Mais, dans les fers, loin d'un libre deftin,
Tous les bonbons ne font que chicotin.
Couvert de honte, inftruit par l'infortune,
Ou las de voir fa compagne importune,
L'oifeau contrit fe reconnut enfin :
Il oublia les Dragons & le Moine ;
Et pleinement remis à l'uniffon
Avec nos Sœurs, pour l'air & pour le ton,
Il redevint plus dévot qu'un Chanoine.
Quand on fut fûr de fa converfion,
Le vieux Divan défarmant fa vengeance,
De l'Exilé borna la pénitence.
De fon rapel, fans doute, l'heureux jour
Va, pour ces lieux, être un jour d'allégreffe,
Tous fes inftans donnés à la tendreffe,
Seront filés par la main de l'amour.
Que dis-je ? Hélas ! O plaifirs infidèles !
O vains attraits de délices mortelles !
Tous les Dortoirs étoient jonchés de fleurs,
Caffé parfait, chanfons, courfe legére,
Tumulte aimable & liberté pléniére,
Tout exprimoit de charmantes ardeurs,
Rien n'annonçoit de prochaines douleurs ;
Mais de nos Sœurs, ô largeffe indifcrette !
Du fein des maux d'une longue diéte,
Paffant trop-tôt dans des flots de douceurs,
Bouré de fucre & brulé de liqueurs,
VER-VERT, tombant fur un tas de dragées,
En noirs cyprès vit fes rofes changées.
En vain les Sœurs tâchoient de retenir
Son ame errante & fon dernier foupir ;
Ce doux excès hâtant fa deftinée,
Du tendre amour victime fortunée,
Il expira dans le fein du plaifir.
On admiroit fes paroles derniéres.
Venus enfin, lui fermant les paupiéres,
Dans l'Elifée, & fes facrés bofquets,

Le méne au rang des héros Perroquets,
Près de celui dont l'Amant de Corine
A pleuré l'ombre & chantoit la doctrine.
 Qui peut narrer combien l'illustre mort
Fut regretté ! La Sœur Dépositaire
En composa la lettre circulaire
D'où j'ai tiré l'histoire de son sort.
Pour le garder à la race future ,
Son portrait fut tiré d'après nature:
Plus d'une main ; conduite par l'Amour ,
Sçut lui donner une seconde vie
Par les couleurs & par la broderie ;
Et la douleur , travaillant à son tour ,
Peignit , broda des larmes à l'entour.
On lui rendit tous les honneurs funèbres,
Que l'Hélicon rend aux Oiseaux célébres.
Au pied d'un myrthe on plaça le tombeau ,
Qui couvre encore le Mausolée nouveau :
Là , par la main des tendres Arthémises,
En lettres d'or ces rimes furent mises
Sur un porphire environné de fleurs
En les lisant on sent naître ses pleurs.

 Novices qui venez causer dans ces Bocages
  A l'insçu de nos graves Sœurs ,
 Un instant , s'il se peut , suspendez vos ramages.
  Aprenez nos malheurs.
 Vous vous taisez , si c'est trop vous contraindre ,
  Parlez , mais parlez pour nous plaindre :
  Un mot vous instruira de nos tendres douleurs ;
  Ci gît VER-VERT , Ci gissent tous les cœurs.

On dit pourtant (pour terminer ma glose
En peu de mots) que l'Ombre de l'Oiseau
Ne loge plus dans le susdit tombeau ;
Que son esprit dans les Nones repose ,
Et qu'en tout tems , par la Métempsicose,
De Sœurs en Sœurs l'immortel Perroquet
Transportera son ame & son caquet.

LA CRITIQUE

DE

VER-VERT,

C'OMEDIE

EN UN ACTE.

AVIS DU LIBRAIRE.

CHER *Lecteur après vous avoir procuré la lecture de Ver-Vert, ou du voyage du Perroquet des Dames de la Visitation de Nevers ; je crois me faire un mérite auprès de vous, en vous procurant celle de la Critique, que l'on m'a chargé d'imprimer, quoi qu'elle n'ait pas par devers elle les beautés de la Poësie. Cependant je me flâte, mon cher Lecteur, que vous voudrez bien y donner un moment de votre attention.*

Au reste, ne cherchez pas qui l'a faite, il n'est pas aisé de le découvrir : il n'est ni Religieux, ni Abbé, ni Chanoine, ni Laïque, ni Homme d'Epée, ni Homme de Robe ; il fait sa résidence dans une Ville proche de Roüen : célébre par son Académie & par quelques beaux Edifices. Son nom y est des mieux établis, & quoique jeune encore, il y a déja donné des marques de sa capacité & de ses lumiéres, par plusieurs petits Ouvrages volans qu'il a donnez au Public, & qui ont été vûs & bien reçus. Mon cher Lecteur, quoique je me fasse un devoir de rechercher les moïens de vous faire plaisir, cependant vous me permettrez de vous en taire le nom ; si je faisois autrement, je craindrois de m'exposer à la colére de sa famille. Famille assez connuë en France par son mérite, sa probité & ses alliances. Je finis, mon cher Lecteur, de peur que le zèle que j'ai à vous procurer de nouveaux plaisirs, ne me fit dire, sans y songer, quelque parole qui pût vous le désigner ; je crains même de vous en avoir déja trop dit.

Il m'a parlé d'une Comédie à laquelle il travaille : Ouvrage de longue haleine, & dont la matiére est difficile à traiter, elle conviendra fort au tems present ; d'abord qu'il me l'aura donnée, je me ferai un plaisir, mon cher Lecteur, de vous en faire part.

PERSONNAGES.

La Mere SUPERIEURE.

La Mere S. IGNACE, *Coadjutrice.*

La Mere S. AUGUSTIN, *Mere des Novices.*

La Mere ANGELIQUE, *Confituriére.*

La Mere ECOUTE.

Deux Jeunes NOVICES.

Une TOURIERE *du dedans.*

La Scène est à Nevers chez les Dames de la Visitation.

LA

LA CRITIQUE
DE
VER-VERT,

COMEDIE.

SCENE PREMIERE.

Ici on sonne la Cloche de la Récréation.

DEUX JEUNES NOVICES:

LA PREMIERE NOVICE.

JE mourrois d'envie, ma Sœur, d'entendre sonner la Cloche de la Récréation, pour m'aboucher avec vous, & vous demander votre sentiment.

LA SECONDE NOVICE.

Ma Sœur, il n'y a rien que je ne faſſe pour votre ſervice ; dequoi s'agit-il, s'il vous plaît ?

C

LA PREMIERE NOVICE.

Vraiment, ma Sœur, je ne fçais trop fi je dois vous le dire, je crains de ne vous pas faire plaifir.

LA SECONDE NOVICE.

Dites, dites, ma Sœur, ne craignez rien.

LA PREMIERE NOVICE.

Eh bien, ma Sœur, c'eft pour vous demander ce que vous penfez d'un Livre qui paroît....

LA SECONDE NOVICE.

Quoi, Ver-Vert ?

LA PREMIERE NOVICE.

Juftement.

LA SECONDE NOVICE.

Mon Dieu, vous me faites un vrai plaifir d'en faire le fujet de notre converfation.

LA PREMIERE NOVICE.

Eh bien, qu'en penfez-vous ?

LA SECONDE NOVICE.

(*En regardant s'il n'y a perfonne.*)

Entre nous deux, il eft fort joli, il nous repafle un peu ; mais enfin que voulez-vous ? Pourquoi aufli toutes les grimaces que l'on nous fait faire ici ? Celui qui l'a fait n'a pas été bien inftruit, car il n'en a pas fait voir la centiéme partie ; mais vous, ma Sœur, qu'en dites vous ?

LA PREMIERE NOVICE.

Je fuis de votre fentiment. L'Auteur a fçu parfaitement dévoiler les myftéres fecrets.

» *L'Art des Parloirs, la Science des Grilles.*

» *Les graves Riens, les myftiques Vétilles.*

Et je dirai, comme vous, que s'il eft parfaitement inftruit de mille petitefles, que l'on fait ici, je le trouve très-retenu de n'avoir dit que ce qu'il a dit.

LA SECONDE NOVICE.

Je fuis ravie, ma Sœur, de me rencontrer avec vous, car je craignois d'être la feule de mon fenti- ment ; mais ne vous fouvenez-vous point de quel-

ques petits traits ? Par exemple, cet endroit où il
dit. . . .

» *Bref, digne Oiseau d'une si sainte Cage,*
» *Par son caquet digne d'être en Couvent.*

Et puis celui où il montre l'attachement de nos
Meres pour leurs Directeurs. Que dites-vous de ces
petits traits-là ?

LA PREMIERE NOVICE.

Ils me paroissent faits d'après nature, j'en suis enchantée. En effet, le P. G. a-t'il seulement un peu
plus toussé qu'à l'ordinaire, aussi-tôt on charge la
Touriére, de mille Sirops dont on fait provision, en
grande partie pour lui ; mais que dites-vous du petit
trait de la Toilette ?

LA SECONDE NOVICE.

Ce que j'en dis.... mais.... je ne sçai....

LA PREMIERE NOVICE.

Il me paroît que celui-là ne vous fait pas tant de
plaisir.

LA SECONDE NOVICE.

Si fait, il est fort joli, mais il n'est pas à comparer
aux autres.

LA PREMIERE NOVICE.

Eh ! qu'y trouvez-vous donc à redire ?

LA SECONDE NOVICE.

Il ne me plaît pas tant que les autres.

LA PREMIERE NOVICE.

Cependant je n'y vois rien qui....

LA SECONDE NOVICE.

Les goûts sont différens.

LA PREMIERE NOVICE.

Pour moi je le trouve fort joli.

LA SECONDE NOVICE.

Et moi, le plus mauvais endroit de toute la Piéce.

LA PREMIERE NOVICE.

Eh pourquoi donc ?

C 2

LA SECONDE NOVICE.

Comment! vous ne le voyez point ? cela saute pourtant aux yeux.

LA PREMIERE NOVICE.

Mais, ma Sœur, à vous entendre parler, il sembleroit que vous y prendriez intérêt.

LA SECONDE NOVICE.

En effet, ma Sœur, y a-t'il rien de plus impertinent, que de trouver à redire qu'on se mette proprement ? Parce que nous sommes Religieuses, devons-nous pourrir dans la crasse ? Ma Sœur, en renonçant au monde, je n'ai pas prétendu renoncer à tout le monde. Est-ce que la propreté, d'ailleurs, que l'Auteur vante en nous comme un mérite, s'accorde avec ce trait ? Pour moi, ma Sœur, je suis surprise que vous qui n'aimez pas moins que les autres à vous parer de certain air de propreté, trouviez cela beau ?

LA PREMIERE NOVICE.

Mais il me paroît, ma Sœur, que vous prenez à gauche le sens de l'Auteur, je ne crois pas que son but ait été de nous faire un crime de la propreté, comme propreté, mais seulement de railler la vaine complaisance, que nos Meres ont dans leur habillement, ce qui leur est ridicule ; mais brisons là-dessus, ma Sœur, il me paroît que la conversation commence à languir.

LA SECONDE NOVICE.

Vous, ma Sœur, continuez, j'ai dequoi vous répondre, &....

LA PREMIERE NOVICE.

Ma Sœur, je serois fâchée de vous faire la moindre peine, & nous avons bien d'autres endroits à critiquer & à aprouver dans cet Ouvrage, sans nous tenir si long-tems sur un, qui, à ce que je vois, ne vous fait pas de plaisir.

LA SECONDE NOVICE.

Je suis infiniment reconnoissante des attentions que vous avez pour moi, & il me seroit mal-séant, de vouloir tenir davantage sur un pareil discours. Je découvre assez quels sont vos sentimens pour me faire changer de langage.... Eh bien, que dites-vous de ces deux Vers ?

» *Desir de Fille est un feu qui dévore,*
» *Desir de None est cent fois pis encore.*

LA PREMIERE NOVICE.

Le second est très-joli ; mais pour le premier, l'Auteur auroit pû se dispenser de le faire.

LA SECONDE NOVICE.

Moi, je suis pour tous les deux.

LA PREMIERE NOVICE.

Eh, fi donc, ma Sœur, songez à ce que vous êtes ? quoi !

LA SECONDE NOVICE.

Parce que je suis fille, dois-je trouver cela mal ?

LA PREMIERE NOVICE,

Eh vraiment, sans doute.

LA SECONDE NOVICL.

Point du tout, ma Sœur... Au reste, je suis étonnée de vous entendre, vous qui trouviez l'Auteur très-retenu. Pour moi, je suis comme vous ; j'aime les vérités, & comme cela en est une, vous me permettrez de ne la point condamner.

PA PREMIERE NOVICE.

On a raison de dire que chacun a son sentiment, mais je ne crois pas que vous compreniez la malice de ces deux Vers, & sur-tout du premier.

LA SECONDE NOVICE.

Eh mon Dieu, ma Sœur, c'est un vieil mal chez nous, & l'Auteur de Ver-Vert n'a pas été le premier à nous le reprocher.

LA PREMIERE NOVICE.

Enfin, ma Sœur, vous me permettrez de ne point l'aprouver.

C 3

LA SECONDE NOVICE.

Je ne fçai pas qu'eſt-ce qui peut vous y engager ;
tenez : Je n'étois point pour le trait de la Toilette.
Vous, vous n'êtes point pour celui-ci ; nous voilà
quitte, ma Sœur.

LA PREMIERE NOVICE.

Vous êtes maligne, ma Sœur, eh......j'entends
quelqu'un.

LA SECONDE NOVICE.

Ce ſont aparemment nos Meres. Elles ſont long-
tems aujourd'hui à ſe rendre à la Salle de Récréation ;
je ne ſçai pas qui peut les empêcher.

LA PREMIERE NOVICE.

Je ne ſçai pas non plus. Elles liſent peut-être
Ver-Vert.

LA SECONDE NOVICE.

Nos Milaidis ſeront bien courroucées, qu'en pen-
ſez-vous ?

LA PREMIERE NOVICE.

Si l elles jetteront feu & flâme, j'en ſuis ſûre.
Notre Mere Ignace, notre Mere Saint Auguſtin, notre
Mere Ecoute, & notre Mere Supérieure....Oh, mon
Dieu. Il ne faut pas même qu'elles ſçachent notre con-
verſation, car... Voilà la Mere ſaint Auguſtin.

S C E N E II.

LA MERE SAINT AUGUSTIN,

(toute épleurée.)

LES DEUX NOVICES.

LA PREMIERE NOVICE.

Vraiment, ma Mere, nous étions ma Sœur &
moi dans l'inquiétude, nous ne ſçavions à
quoi attribuer ce long retardement à vous rendre

à la Salle des Récréations, vous & toutes nos Meres.

LA MERE SAINT-AUGUSTIN.

Hélas, ma Sœur, si vous sçaviez... ah...!

LA PREMIERE NOVICE.

Qu'y a-t'il donc, ma Mere ?　　　⎱ *Ensemble.*

LA SECONDE NOVICE.　　　　　 ⎰

Qu'est-il donc arrivé ?

LA MERE SAINT AUGUSTIN.

Vengeance, mes Sœurs, vengeance, on nous des-honore.

LA PREMIERE NOVICE.

Qu'est-ce donc, ma Mere ? Faites-nous part, s'il vous plaît, du sujet de votre affliction.

LA SECONDE NOVICE *à part.*

Il y a là-dedans du Perroquet.

LA MERE SAINT AUGUSTIN.

Non! plus j'y pense, plus je me sens le cœur pé-nétré..... il court un Livre, ma Sœur.... ah ! un Livre... l'abomination de la désolation... un Livre, ma Sœur, qui.... je ne sçaurois parler.

LA PREMIERE NOVICE.

Qui, Ver-Vert ?

LA MERE SAINT AUGUSTIN.

Justement, c'est cet exécrable Livre qui cause toute mon affliction, l'avez vous lû, ma Sœur?

LA PREMIERE NOVICE.

Il est, à ce qu'on dit, plein d'impertinences.

LA MERE SAINT AUGUSTIN.

Et vous, ma Sœur, ne l'avez-vous pas lû ?

LA SECONDE NOVICE.

Ma Mere, sur ce que l'on m'en a raporté, une servante Novice ne peut pas le lire, en conscience. *à part.* Je l'ai cependant lû.

LA MERE SAINT AUGUSTIN.

Vous avez raison, ma Sœur, vous ne le devez pas faire, sans l'avis de vos Supérieures.... Mais je vous le permets, tenez, le voilà.

C 4

LA SECONDE NOVICE.

Je ne manquerai pas, ma Mere, de le lire.

LA MERE SAINT AUGUSTIN.

En vérité, ce Livre eft affreufement compofé.

LA PREMIERE NOVICE.

Bon, ma Mere, il faut méprifer tout cela ; d'ailleurs, qui le croira ?

LA MERE SAINT AUGUSTIN.

Mon Dieu, le monde eft fi corrompu & porté à
croire le mal, que....

SCENE III.

LA MERE SUPERIEURE, LA MERE SAINT AUGUSTIN, LES DEUX NOVICES.

LA MERE SUPERIEURE

(allongeant les mots.)

QU'avez-vous donc que je vous vois toutes fi affli-
gées !

LA MERE SAINT AUGUSTIN.

Nous parlions, notre Mere, de ce Livre qui nous
fait tant d'honneur.

LA MERE SUPERIEURE.

Ah ! mon Dieu, quelle affreufe chofe, j'en fuis
dans un chagrin mortel ; ne connoiffez-vous point le
nom de l'Auteur ?

LA MERE SAINT AUGUSTIN.

Mon Oncle le Commandeur me vint hier voir,
qui m'a promis de m'en inftruire.

LA MERE SUPERIEURE.

Toute la Communauté lui aura une obligation
infinie. Il eft malheureux pour nous, que mon

frere le Comte & mon Coufin le Baron, ne foient pas en ce Pays - ci : ils nous auroient bien vîte éclairci ce myftére ; mais que faites - vous là ma Sœur ?

LA SECONDE NOVICE.
(lifant ce Livre.)
C'eft le Livre que notre Mere Saint Auguftin m'a donné à lire.

LA MERE SUPERIEURE.
Lifez, ma Sœur, lifez, mais avec modeftie.

LA SECONDE NOVICE.
Notre Mere, je le regarderai toujours du bon côté.

LA MERE SUPERIEURE.
Je ferois ravie que nos Meres fuffent ici pour qu'elles me difent ce qu'elles en penfent. Nous pourrions en tenir Confeil.

LA SECONDE NOVICE à part.
Prends garde à toi, miférable !

LA MERE SUPERIEURE.
Nous verrons les moyens de pouvoir rétablir notre réputation.

LA MERE SAINT AUGUSTIN.
Vous avez raifon, notre Mere. Nous verrions ce qui feroit de plus piquant pour nous, & enfuite nous chercherions les moyens de nous venger.

LA SECONDE NOVICE à part.
Gare l'interrogatoire.

LA MERE SUPERIEURE,
(à la premiére Novice.)
Allez, je vous prie, ma Sœur, avertir nos Meres du Confeil, que je les attends ici.

LA PREMIERE NOVICE.
J'y cours, notre Mere.

LA SECONDE NOVICE à part.
N'oubliés pas la felette.

SCENE IV.

LA MERE SUPERIEURE, LA MERE S. AUGUSTIN, LA SECONDE NOVICE.

LA MERE SUPERIEURE.

IL faut avouer que l'homme eft un animal bien malin. Où l'Auteur de ce Libelle a-t'il été inventer tout ce qu'il a dit contre nous ?

LA MERE SAINT AUGUSTIN.

Je ne fçai pas, notre Mere, qui a pû lui mettre cela dans la tête. Il faut que cet homme-là foit ou fou, ou impie.

LA MERE SUPERIEURE.

La bonne Juftice dévroit y mettre ordre.

LA MERE SAINT AUGUSTIN.

Eft-elle obfervée, notre Mere ? Eh mon Dieu ! tout eft renverfé à prefent.

LA MERE SUPERIEURE.

Il eft vrai que depuis quelque-tems, tout le monde veut fe mêler de la rendre, & l'un détruit ce que fait l'autre.

LA MERE SAINT AUGUSTIN.

Tenés, ma Mere, plus il y a de têtes dans un Confeil, & plus tout eft renverfé. D'ailleurs à prefent, plus qu'en tout autre tems, l'argent fait le bon droit, & le malheureux pauvre, eût-il la plus grande raifon du monde, il perdra toujours, s'il plaide contre un homme qui foit en état de graiffer la pate à Meffieurs les Juges.

LA MERE SUPERIEURE.

Mais cependant, ma Sœur, on dévroit y faire attention, car tout autre que nous peut être noirci de la même calomnie. Eh... mais j'entends nos Meres.

S C E N E V.

LA MERE SUPERIEURE, LA MERE S. IGNACE, LA MERE S. AUGUSTIN, LA MERE ANGELIQUE, LES DEUX NOVICES.

LA MERE SUPERIEURE.

MEs Sœurs, je viens de vous envoyer chercher pour vous prier de me donner votre confeil fur une chofe qui eft pour nous de la derniére importance. Il paroît ici un Livre qui déchire notre réputation, vous y...

LA PREMIERE NOVICE A LA SECONDE.

Voilà les chambres affemblées; allons-nous-en, ma Sœur.

LA MERE SUPERIEURE.

Où allez-vous donc toutes les deux ?

LA SECONDE NOVICE.

Ma Mere, n'étant pas capable de pefer au poids de notre charité les fecrets myftéres du Confeil, nous prenons la peine de nous retirer.

LA MERE SUPERIEURE.

Reftés, reftés, je vous le permets.... Il paroît donc ici un Livre affreux. Voyons les moyens de détromper le monde des erreurs qui y font gliffées. Vous y êtes toutes auffi intéreffées que moi, ainfi voyés par quels moyens nous pourrons y réuffir.
Parlez Sœur Ignace.

LA MERE S. IGNACE.

Puifque votre Révérence me commande de dire mon fentiment, je vais le dire; nos Meres & Sœurs voudront bien me le permettre. Notre Révérenle

Mere, dans le moment qu'on eſt venu m'avertir de venir vous parler, nous étions dans notre Cellule notre Sœur Angélique & moi, occupées à la lecture du Livre dont eſt queſtion. Puiſqu'il m'eſt permis de dire mon ſentiment, je dirai que ce Livre eſt rempli de ſottiſes, bleſſe notre réputation & nous déchire entiérement. Il eſt indigne, notre Révérende Mere, que des perſonnes comme nous, retirées du monde, ſoient malgré cela expoſées aux langues médiſantes, & je crois que ſans bleſſer notre charité, je puis dire que ce Livre mérite d'être jetté au feu; je ne prétends pas, nos chéres Sœurs, que notre ſentiment doive prévaloir; mais j'ajoûte qu'il faut abſolument preſenter notre Requête aux Juges pour nous venger d'une tache ſi noire qu'on fait à notre réputation. J'ai dit.

LA MERE SUPERIEURE.

Parlés, Sœur Saint Auguſtin.

LA MERE SAINT AUGUSTIN.

Par votre ordre, notre Révérende Mere, je dirai mon ſentiment: je ſuis preſque de l'avis de notre Sœur Saint Ignace, qui a penſé très-juſte; mais puiſqu'il m'eſt permis de m'expliquer, je dirai qu'il faut non-ſeulement jetter ledit Livre au feu: mais qu'il faut auſſi implorer la Juſtice de notre Roi; réſervé à la prudence de Sa Majeſté d'imputer à l'Auteur telle punition qu'il jugera à propos. J'ai dit.

LA MERE SUPERIEURE.

Parlés, Sœur Angélique.

LA MERE ANGELIQUE.

Puiſque notre Révérende Mere veut abſolument que je diſe mon ſentiment, je vais obéir à ſes ordres.

Notre Sœur Saint Ignace & Saint Auguſtin ſe ſont toutes les deux rencontrées dans leur ſentiment, ce qui me fait apréhender d'ouvrir le mien, quoiqu'il ſe raporte auſſi au leur, mais pas entiérement. Elles ont toutes les deux fait paroître un attache-

ment très-louable pour la Communauté, qui sauf
meilleur avis, leur a fait un peu précipiter les cho-
ses. Pour moi, je crois plus à propos & moins contre notre charité, de faire ici une revûe des traits
les plus piquans pour nous, afin de servir de matiére à notre Requête : pour le reste, je suis entie-
rement de l'avis de nos Sœurs Saint Ignace & Saint
Augustin. J'ai dit.

LA MERE SUPERIEURE.

Notre Sœur Angélique me paroît avoir très-bien
pensé, ainsi si quelqu'un sçait quelques-uns de ces
traits, nous les prions d'en faire un recit à notre
Conseil, pour qu'il puisse ensuite plus mûrement
délibérer. Notre Sœur Novice a le Livre, qu'elle
le parcoure, & si elle en rencontre elle nous en fera
part.

LA SECONDE NOVICE.

(*A part.*)

Je n'ai pas besoin du Livre, je les sçais tout par
cœur.

LA MERE IGNACE.

En parlant du Perroquet, il dit :

» *Chaque mere après son Directeur,*
» *N'aimoit rien tant : même dans plus d'un cœur*
» *Souvent l'Oiseau l'emporta sur le Pere.*

LA SECONDE NOVICE.

Eh, fi donc notre Mere, quelle est la cervelle
assez lourde pour s'imaginer qu'un animal, tel qu'un
Perroquet, puisse l'emporter sur l'amitié & le respect
qu'on doit avoir pour le raisonnable : je veux dire
un Directeur.

LA MERE SUPERIEURE.

Un Oiseau l'emporter sur le Pere, je crois, ma
Sœur, que le monde nous rendra justice sur une
chose où il n'y a nulle vraisemblance, ainsi passons
à une autre.

LA MERE SAINT AUGUSTIN.

Pour moi , je fuis entiérement courroucée des quatre
Vers qui fuivent :

>> *Il partageoit dans ce paifible lieu ,*
>> *Tous les Sirops , dont le cher Pere en Dieu*
>> *Se confortoit les entrailles facrées ,*
>> *Graces aux bienfaits des Nonnettes fucrées.*

LA MERE SUPERIEURE.

Quelle médifance, notre Sœur! où a - t'il été chercher cela ?

LA MERE IGNACE.

Il fembleroit que nous leur donnerions tous nos
firops, cela crie vengeance.

LA SECONDE NOVICE *à part.*

On s'offenfe toujours des vérités.

LA MERE SAINT AUGUSTIN

Pour moi, notre Mere , je trouve que ce trait - là
nous pique jufques au vif, & que nous devons le mettre à la tête de notre Requête.

LA MERE ANGELIQUE.

Doucement, notre Sœur, avant que de rien mettre
par ordre, parcourons encore d'autres endroits; peut-
être en trouverons-nous pour le moins d'auffi piquans.
Par exemple. Celui-là.

<< *Jufqu'au lever de l'aftre de Vénus,*
>> *Il repofoit fur la Boëte aux Agnus.*

LA SECONDE NOVICE *à part.*

Bon, bon, nous allons rire de la bonne façon.

LA MERE ANGELIQUE.

>> *A fon réveil de la fraîche Nonnette,*
>> *Libre témoin il voyoit la Toilette.*

LA MERE SUPERIEURE.

Notre Toilette, notre Sœur, Ah ! quelle impudi-
cité. Libre témoin, il voyoit la Toilette... ah ! notre
Sœur.

LA SŒUR ANGELIQUE *pourfuit.*

>> *Oui quelque part j'ai lû qu'il ne faut pas ,*

» *Aux fronts voilés des Miroirs moins fidèles,*
» *Qu'anx fronts ornés de Clinquans & Dentelles.*

LA MERE IGNACE.

Miféricorde, ma Sœur, ah! je n'en puis plus.

LA SŒUR ANGELIQUE *pourfuit.*

» *Ainfi qu'il eft pour le Monde & les Cours,*
» *Un art, un goût de modes & d'atours.*
» *Il eft auffi des modes pour le Voile,*
» *Il eft un art de donner d'heureux tours*
» *A l'étamine, à la plus fimple toile ;*
» *Souvent l'Effein des folâtres Amours,*
» *Effein qui fçait franchir Grilles & Tours,*
» *Donne au bandeau une grace piquante,*
» *Un air galant à la guimpe flotante,*
» *Enfin, avant de paroître au Parloir*
» *On doit au moins deux coups d'œil au miroir.*

(Pendant ce tems-là, toutes les Meres font divers
geftes, hauffent les épaules, &c.)

LA MERE SUPERIEURE.

Pere Eternel, miféricorde, quel abominable
homme !

LA MERE SAINT AUGUSTIN.

» *Quels horreurs, quel langage pervers ?*

LA MERE ANGELIQUE.

» *Il eft auffi des modes pour le Voile.*

Chez-nous une mode, notre Mere, il fait bien de
nous l'aprendre, car nous ne le fçavions pas.

LA PREMIERE NOVICE.

» *Souvent l'effein des folâtres amours,*
» *Effein qui fçait franchir Grilles & Tours.*

Que dites-vous de ces deux Vers-là?

LA MERE IGNACE.

Ah! je m'en meurs.

LA SECONDE NOVICE.

J'y fuis plus fenfible que perfonne,
» *Effein qui fçait franchir Grilles & Tours.*

S'il difoit vrai, du moins, notre Mere, on pourroit

lui pardonner. Tenés, ma Mere, je tiens un trait des plus piquans ; c'est l'adieu d'une Novice, lorsqu'il part pour Nantes.

» *Tel fut l'adieu d'une Nonnaine poupine,*
» *Qui pour diſtraire & charmer ſa langueur,*
» *Entre deux draps, avoit à la ſourdine*
» *Très-ſouvent fait l'Oraiſon dañs Racine,*
» *Et qui ſans doute auroit de très-grand cœur*
» *Loin du Couvent ſuivi l'Oiſeau parleur.*

LA MERE SUPERIEURE.

C'eſt affreux, ma fille, Gardez-vous de le croire.

LA SECONDE NOVICE.

Je m'en garderai bien, ma Mere.

LA MERE IGNACE.

C'eſt impudent, notre Mere.

LA PREMIERE NOVICE.

» *Et qui ſans doute auroit de très-grand cœur,*
» *Loin du Couvent ſuivi l'Oiſeau parleur,*
Hélas ! .. faut-il. (*En ſoupirant.*)

LA SECONDE NOVICE.

Il en dit trop & n'en fait pas aſſez.

LA MERE IGNACE.

Notre Mere, voilà quelque choſe de pis, il nous traite de folles.

LA MERE SUPERIEURE.

Ma Sœur, de folles... Ah !

LA MERE IGNACE.

Voilà ſon Vers.
» *Pär la Corbleu que les Nones ſont folles.*

LA MERE SUPERIEURE.

» *Mon doux Sauveur, comment peut-il, en conſ-*
» *cience, jurer comme un damné.*

LA MERE SAINT AUGUSTIN.

Et moi, ma Mere, il m'a rimé en *Tain*. Nous ne nous ſommes jamais vû & je ne le connois pas.

LA MERE SUPERIEURE.

Il faüt, notre Sœur, tout prendre en patience.

LA MERE IGNACE.

Voilà encore une horrible suite, en parlant de son Perroquet.

„ *Les B. les F. voltigoient sur son bec.*

LA MERE SUPERIEURE.

Mon Dieu, quel est ce langage-là ?

LA MERE IGNACE.

Mais que veut-il dire par ses B. F.

LA MERE SUPERIEURE.

Je ne sçai pas non plus.

LA PREMIERE NOVICE.

Eh ma Mere, le Vers suivant vous instruira. Ecoutez.

„ *Les jeunes Sœurs crurent qu'il parloit Grec.*

LA MERE SUPERIEURE. LA MERE IGNACE.

Quoi, c'est-là du Grec.

LA MERE IGNACE.

On disoit cette langue harmonieuse.

LA SECONDE NOVICE à part.

Celle-là est de l'harmonie des Broüettiers.

LA PREMIERE NOVICE.

Mais notre Mere, le Grec est bien changé.

LA MERE SUPERIEURE.

Aussi donc, car mon Neveu le Vicomte, qui est encore au Collége, m'en a répété plusieurs passages, & ils me faisoient un vrai plaisir. Mais qu'est-ce ?

D

SCENE VI.

LA MERE SUPERIEURE, LE RESTE, UNE TOURIERE.

LA TOURIERE.

MA sœur Saint Augustin, on vous demande au Parloir.

LA MERE SAINT AUGUSTIN.

Sçavez-vous qui, ma Sœur ?

LA TOURIERE.

Je crois que c'est le même M. qui vint hier vous voir.

LA MERE SAINT AUGUSTIN.

Ah notre Mere, c'est mon Oncle le Commandeur.

LA MERE SUPERIEURE.

Courez vîte, ma Sœur, & ne le faites pas attendre, pour aujourd'hui je vous dispense de notre Régle ; courez, nous y sommes toutes intéressées.

SCENE VII.

LA MERE SUPERIEURE, LA MERE IGNACE, LA MERE ANGELIQUE, LES DEUX NOVICES.

LA MERE SUPERIEURE.

A La fin, ma Sœur, nous allons être éclaircies sur un mystére si important pour nous, & nous pourrons alors plus sûrement porter nos coups.

LA MERE ANGELIQUE.

Je meurs d'envie de fçavoir le nom de cet indigne Auteur.

LA MERE IGNACE.

Pour moi, notre Mere, je ne doute que ce ne foit un ennemi de la Religion.

LA MERE SUPERIEURE.

Mais à propos ; notre Sœur, fon mauvais procédé tombe de lui-même, car il nous eft défendu d'élever chez nous des Animaux Domeftiques, qui ne fervent qu'à l'amufement, tel qu'un Perroquet.

LA SECONDE NOVICE.

Vraiment oui, notre Mere, & l'on nous permet d'avoir du foin & des attentions fines, que pour des Animaux utiles à notre état.

LA MERE ANGELIQUE.

Je n'y avois pas encore fait attention, notre Mere, ainfi fi l'Auteur dans fon principe fe trompe, le monde, quoique de naturel incliné à penfer le mal plutôt que le bien, reviendra bien-tôt de tous les abus, que l'infâme Auteur a gliffé dans le refte de la Piéce.

LA MERE SUPERIEURE.

En vérité, je ne reviens pas de cet indigne procédé.

SCENE VIII.

LA MERE SUPERIEURE, LA MERE ANGELIQUE, LA MERE S. IGNACE, DEUX NOVICES, UNE TOURIERE.

LA TOURIERE.

MOn Dieu ! notre Révérende Mere, j'ai une fâcheufe nouvélle à vous aprendre, notre Sœur le Febvre, eft revenuë exprès de la Ville

pour nous avertir, que le R. P. G. avoit un gros rhume
fur la poitrine, & que cette nuit il n'avoit prefque
point fermé l'œil.

TOUTES ENSEMBLE.
Mon Dieu! le pauvre P. G.

LA MERE SUPERIEURE.
Allez vîte, Sœur Angélique, allez vîte à l'Office,
& donnez à la Sœur le Febvre une bouteille de Syrop de
limon, une demi-douzaine de pâtes de Guimauves,
& de Réglifle blanc & noir, & chargez-la de compli-
mens de toute la Communauté, & des miens, & de
lui marquer la part que nous prenons toutes à fon
incommodité.

LA MERE IGNACE.
Mais, notre Révérende Mere, fi vous vous don-
niez la peine de lui en écrire un mot, je crois que cela vaudroit encore mieux.

LA MERE SUPERIEURE.
Vous avez raifon, notre Sœur; mais prêtez-
moi, je vous prie, une plume, car je ne fçai ce
que j'ai fait de la nôtre, allez toujours Sœur Angélique,
aprêter ce que je vous ai dit: notre Lettre va être
prête dans un moment, Sœur Saint Ignace & moi
allons la faire.

SCENE IX.

LES DEUX NOVICES.

LA PREMIERE NOVICE.
ENfin nous voilà en liberté d'écrire tout à notre
aife.

LA SECONDE NOVICE.
Pour celui-là, ma Sœur, je puis dire que j'ai été à
la Comédie aujourd'hui, fans fortir du Couvent.

LA PREMIERE NOVICE.

Eh ! mon Dieu, ma Sœur, n'y allons-nous pas tous les jours ? En allant à la Récréation.

LA SECONDE NOVICE.

Les Hélas ! de nos Meres m'ont beaucoup ré-jouie.

LA PREMIERE NOVICE.

Et moi les figures & contorsions qu'elles faisoient, lorsque notre Mere Angélique lisoit le trait de la Toilette.

LA SECONDE NOVICE.

Il y en a un, ma Sœur, que je suis étonnée qui ait échapé à la critique de nos Meres. Ecoutez,

,, *Jamais du mal il n'avoit eu l'idée,*
,, *Ne sçavoit-onc un immodeste mot,*
,, *Mais en revanche il sçavoit des Cantiques :*
,, *Des Oremus, des Colloques mystiques,*
,, *Il disoit bien son* Benedicite ?
,, *Et notre Mere, & votre Charité ;*

LA PREMIERE NOVICE.

Que cela est joli, d'autant plus que tout y est vrai.

LA SECONDE NOVICE.

Vous n'êtes pas encore à la fin. *Elle poursuit.*
Il sçavoit même un peu du Soliloque,
,, *Et des traits fins de Marie Alacoque,*
,, *Il avoit eu dans ce docte manoir*
,, *Tous les secours qui ménent au sçavoir ;*
,, *Il étoit là plusieurs filles sçavantes,*
,, *Qui mot pour mot portoient dans leurs cerveaux*
,, *Tous les Noëls anciens & nouveaux.*

LA PREMIERE NOVICE.

Mais, ma Sœur, comment l'Auteur peut-il en sçavoir tant ?

LA SECONDE NOVICE.

Il a peut-être passé quelque-tems dans quelqu'un de nos Monastéres. Mais écoutez jusqu'au bout.

„ *Inſtruit formé par leurs leçons fréquentes,*
„ *Bien-tôt l'éléve égala ſes Régentes,*
„ *De leur ton même adroit imitateur,*
„ *Il exprimoit la pieuſe lenteur,*
„ *Les ſaints ſoupirs, les nottes languiſſantes*
„ *Du chant des Sœurs, Colombes gémiſſantes,*
„ *Finalement Ver-Vert ſçavoit par cœur*
„ *Tout ce que ſçait une Mere de Chœur.*
Eh ! bien, que dites-vous de cela?

LA PREMIERE NOVICE.
Que c'eſt le plus joli endroit de toute la Piéce.
„ *Il ſçavoit des Cantiques.*
„ *Des* Oremus, *des Colloques myſtiques,*
„ *Il diſoit bien ſon* Benedicite,
„ *Et notre Mere, & votre Charité.*
J'en ſuis enchantée.

LA SECONDE NOVICE.
Moi, je ſuis encore plus pour ceux-ci,
„ *Il ſçavoit même un peu du Soliloque,*
„ *Et des traits fins de Marie Alacoque,*
„ *Il étoit là pluſieurs filles ſçavantes,*
„ *Qui mot pour mot portoient dans leurs cerveaux*
„ *Tous les Noëls anciens & nouveaux;*
Il ſçavoit tout Saint Auguſtin, il auroit fallu ma Sœur, le mettre pour arbitre, entre les Janſéniſtes & les Moliniſtes.

LA PREMIERE NOVICE.
Ma Sœur dans l'un & l'autre parti, il y en a bien qui n'en ſçavent pas plus que n'en ſçavoit le Perroquet.

LA SECONDE NOVICE.
Vous avez raiſon, ma Sœur; mais laiſſons cela aux gens du métier, pour nous diſons notre *Credo.* Cela nous ſuffit.

LA PREMIERE NOVICE.
„ *Il exprimoit la pieuſe lenteur,*
„ *Les ſaints ſoupirs, les nottes languiſſantes*
„ *Du chant des Sœurs, Colombes gémiſſantes,*

Que cela eft bien exprimé ; en effet , y a-t'il rien de plus fot que le Chant des Sœurs de Sainte Marie ? Surement Saint François de Sales n'avoit pas le goût bon pour les Chants de l'Eglife , car il ne pouvoit pas en choifir un plus vilain que celui-là.

LA SECONDE NOVICE.

Il eft d'autant plus vilain , qu'il nous fait geler quand nous fommes au Chœur.

LA PREMIERE NOVICE.

Il y a encore deux Vers qui me charment.
„ *Finalement Ver-Vert ſçavoit par cœur.* ⎫
„ *Tout ce que ſçait une Mere de Chœur.* ⎭ Enfemble.

LA SECONDE NOVICE.

J'allois vous le faire remarquer.

LA PREMIERE NOVICE.

„ *Tout ce que ſçait une Mere de Chœur.*
Ce n'eft pas peu dire , au moins , & il y a des Meres de Chœur , qui ſçavent un peu plus que la notre.

LA SECONDE NOVICE.

Eh bien ! ma Sœur, nos Meres trouvoient ridicule le trait du Directeur ; on eft venu les avertir , que le P. G. étoit malade, voyez quels mouvemens elles fe font donnez.

LA PREMIERE NOVICE.

Elles ont beau dire & beau faire, on les croira toujours ridicules.

LA SECONDE NOVICE.

Eh ! mon Dieu, elles le font en tout.

LA PREMIERE NOVICE.

Voulez-vous que je vous dife , ma Sœur, plus j'avance au terme de mon Noviciat , plus j'ai de chagrin de me voir obligée à paffer ma vie dans un lieu tel que celui-ci , ou tout eft rempli de petiteffes , & cependant d'orgueil & de fotte vanité. Car fi nos Meres ont des parens de quelque condition , elles vous jettent cela au nez cent fois le jour , & cependant avec tout leur orgueil , elles s'amufent de quantité de minauderies qui font hauffer les épaules à celles qui ont tant foit peu de raifon.

LA SECONDE NOVICE.

Mais, ma Sœur , puifque vous êtes fi dégoûtée du Couvent , pourquoi perfifter dans la réfolution de faire vos vœux ?

LA PREMIERE NOVICE.

Que voulez-vous que je faffe ; c'eft bien malgré moi. Mon pere s'eft remarié , je fuis tous les jours expofée aux mauvaifes humeurs d'une Belle - Mere. Mon pere a fait ce qu'il a pû pour me dégoûter du Couvent , & fi je refte , ce fera plutôt par raifon , que par l'inclination.

LA SECONDE NOVICE.

Et moi, ma Sœur , fi j'étois de vous, j'aimerois mieux vivre dans le monde. Avec le peu de bien que vous pourrez avoir , une fille de mérite trouve toujours rang parmi les honnêtes gens.

LA PREMIERE NOVICE.

Ma Sœur , vous avez , en vérité , de moi une idée trop avantageufe , je vous ai mille obligations des fentimens , que vous voulez bien avoir pour moi ... non , j'y fuis entrée , c'eft pour y demeurer le refte de mes jours , je tâcherai de faire de néceffité vertu. Au refte , ma Sœur , je viens de vous faire part d'une chofe fur laquelle je vous prie de garder un fecret inviolable.

LA SECONDE NOVICE.

Ma Sœur , foyez perfuadée que je le fçai , fans le fçavoir , & puifque vous avez la bonté de m'honorer de votre amitié & de votre confiance , je veux vous faire un aveu , qui demande de vous le même fervice , c'eft que j'ai pris le parti de fortir auffi du Couvent , & comme je n'y fuis

entrée

entrée que contre la volonté de mes parens (ce qui est extraordinaire) ils feront ravis de me revoir : si les Religieufes ont quelque regret de me perdre, elles ne doivent s'en prendre qu'à leurs ridicules maniéres, qui....

LA PREMIERE NOVICE.

Taifons-nous, voilà nos Meres qui reviennent.

LA SECONDE NOVICE.

Elles fçauront bien-tôt la fin de notre entretien.

SCENE X.

LA MERE SUPERIEURE, LA MERE S. IGNACE, LA MERE ANGELIQUE, LES DEUX NOVICES.

LA MERE SUPERIEURE.

EN vérité je fuis dans une grande inquiétude de la fanté de notre pauvre P. G.

LA MERE SAINT IGNACE.

Il fe portoit affez bien, quand il entra ici aux Quatre-Tems de Noël ; mais, ma Sœur, pourquoi M. l'Archevêque ne veut-il point qu'il vienne confeffer hors ces jours-là ?

LA MERE SUPERIEURE.

Je ne fçai pas qu'eft-ce qui a pû l'engager à faire cette défenfe qui nous fait tant de peine.

LA MERE ANGELIQUE.

C'eft quelqu'un, fans doute, qui a deffervi les bons Peres auprès de fa Grandeur, par-tout notre Mere....

D

SCENE XI.

LA MERE SUPERIEURE, ET LA MERE ECOUTE, *toute transportée.*

LA MERE ECOUTE.

Vous ne sçavez pas, notre Mere, j'étois à l'écoute de notre Mere Saint Augustin, on a parlé de Ver-Vert, & le Monsieur a dit que c'étoit un Jésuite qui l'avoit fait.

TOUTES ENSEMBLE.

Un Jésuite ! La Mere Supérieure. *Toutes ensemble.*
Ma Sœur, que dites-vous-là... Quoi, un Jésuite...
Juste Ciel... Un Jésuite.

LA MERE SAINT IGNACE.

Cela ne se peut, ma Sœur... C'est une calomnie.

LA MERE ANGELIQUE.

Quoi, ce seroit un Jésuite qui auroit fait ce Livre infame.

LA MERE ECOUTE.

Un Jésuite, ma Sœur, un Jésuite, un Jésuite.

LA SECONDE NOVICE.

Il y a là-dedans quelque chose qui révolte.

LA MERE ANGELIQUE.

Un Jésuite, notre Mere, faire un pareil Livre; non cela ne se peut, ma Sœur.

LA MERE SAINT IGNACE.

Ne vous êtes-vous point trompée, notre Sœur ?

LA MERE ECOUTE.

Non, non, j'ai écouté de toutes mes oreilles.

LA PREMIERE NOVICE *à part.*

La chose étoit trop intéressante pour ne pas bien écouter.

LA MERE SAINT IGNACE.

Mais.... Notre Sœur.... N'a-t'on point.. Dit.,. Un
Janséniste.

LA MERE ECOUTE.

Non, notre Mere, un Jésuite, un Jésuite.

LA SECONDE NOVICE.

La Rime, notre Sœur, vous a peut-être trompé.

LA MERE SUPERIEURE.

Il faut attendre la Mere Saint Augustin, elle nous
éclaircira. Mais la voilà.

S C E N E X I I.

LA MERE SUPERIEURE, LA MERE SAINT IGNACE, LA MERE SAINT AUGUSTIN, LA MERE ANGELIQUE, LA MERE ECOUTE, LES DEUX NOVICES.

LA MERE SAINT AUGUSTIN.

AH ! ma Mere, nous sommes au comble de nos
malheurs. Un Jésuite, notre Mere.... Un Jésuite
a fait ce Livre infame.

LA MERE SUPERIEURE.

Cela n'est donc que trop vrai, notre Sœur Ecoute
nous l'avoit déja annoncé, mais nous n'avions pas
voulu l'en croire.

LA MERE SAINT IGNACE.

Quel hérétique !

LA SECONDE NOVICE.

Il a manqué à sa vocation, il devoit être Janséniste.

LA MERE ANGELIQUE.

Oh ! si c'étoit un Janséniste, il n'y auroit rien à
dire. Mais un Jésuite !

E 2

LA SECONDE NOVICE *à part.*

Cela n'eft plus du jeu. Un Jefuite.

LA MERE ANGELIQUE.

Vraiment, nous avions cru que notre Sœur Ecoute, avoit confondu l'un avec l'autre.

LA MERE SAINT AUGUSTIN.

Pour moi, quoi qu'on me l'ait dit, j'ai de la peine à le croire.

LA MERE SUPERIEURE.

Ne vous l'a-t'on point nommé, ma Sœur?

LA MERE SAINT AUGUSTIN.

C'eft le P. G.

LA SECONDE NOVICE.

Quoi le P. G. Je le croyois fi aimable Homme Il me plaifoit tant.

LA MERE S. IGNACE.

Je ne fuis pas furprife qu'il ait fait un tel Livre ; je n'ai jamais cru cet homme-là capable d'être Jé-fuite. Tout y répugne dans fes maniéres. Il a un air fier, qui ne s'accorde nullement avec l'humilité de Saint Ignace.

LA MERE ANGELIQUE.

Notre Sœur a raifon. Il portoit auffi fon Manteau en petit Abbé poupin.

Ici on fonne la fin de la Récréation.

LA MERE SUPERIEURE.

Nous voilà pourtant défarmés, car....

LA PREMIERE NOVICE.

Notre Mere, voilà la fin de la Récréation qui fonne.

LA MERE SUPERIEURE.

Allons, retirons-nous, nos cheres Sœurs. Mais au-paravant il faut que je vous faffe part de ma réfo-lution.

Comme nous ne pourrions rien intenter contre le P. G. que nous d'attaquaffions la chére Com-pagnie, à laquelle il a l'honneur & le bonheur d'être affocié, & que nous avons trop de refpect pour elle, pour rien entreprendre contre. Mon avis seroit de nous unir toutes pour empêcher qu'il ne fît ses derniers vœux, & ne demeurât plus long-tems Jésuite. Allons, unissons-nous toutes, nos très-chéres Sœurs, pour une œuvre si charitable ; car nous aurons en cela un mérite infini, en engageant ces bons Peres à se défaire d'un sujet qui leur fait tant de deshonneur.

LA SECONDE NOVICE à part.

Je crois qu'il ne se fera pas beaucoup tirer l'oreille. *A la premiere Novice.* Allons, ma Sœur, & charitablement pour nous, tâchons de nous délivrer d'elle.

Fin de la Critique de Ver-Vert.

LE
CARÊME
IMPROMPTU.

E 4

LE CARÊME
IMPROMPTU.

SOus un Ciel toujours rigoureux,
Au sein des flots impétueux,
Non loin de l'Armorique plage,
Il est une Isle, affreux rivage,
Habitacle marécageux.
Moitié peuple, moitié sauvage ;
Dont les Habitans malheureux
Séparés du reste du monde,
Semblent ne connoître que l'Onde,
Et n'être connus que des Cieux ;
Des nouvelles de la nature
Viennent rarement sur ces bords :
On n'y sçait que par avanture,
Et par de très-tardifs raports
Ce qui se passe sur la terre,
Qui fait la paix, qui fait la guerre,
Qui sont les vivans & les morts.
    De cette étrange résidence
Le Curé, sans trop d'embarras,
Enséveli dans l'indolence
D'une héréditaire ignorance,
Vit de Baptême & de trépas,
Et d'Offices qu'il n'entend pas.
Parmi les Notables de l'Isle,
Il est regardé comme habile,
Quand il peut dire quelquefois,
Le mois de l'an, le jour du mois.
On va penser que j'exagére,
Et que j'outre ce caractére ;
Quelle aparence dira-t-on ;

„ Quelle Ifle affez abandonnée
„ Ignore le tems de l'année ?
„ Non, ce trait ne peut être bon.
„ Que dans une Ifle imaginée
„ Par le fabuleux Robinfon.

De grace, Cenfeur incrédule,
Ne jugez point fur ce foupçon,
Un fait narré fans fiction
Va vous enlever ce fcrupule,
Il porte la conviction ;
Je n'y mettrai que la façon.

Le Curé de l'Ifle fufdire,
Vieux Papa, bon Ifraëlite,
(N'importe quand advint le cas,)
N'avoit point, avant les étrennes,
Fait aporter de nos climats
De *Guid' Anes* ni d'Almanachs.
Pour le guider dans fes Antiennes,
Et régler fes petits Etats.
Il reconnut fa négligence ;
Mais trop tard vint la prévoyance.

La faifon ne permettoit pas
De faire voile vers la France ;
Abandonnée aux noirs frimats,
La mere n'étoit plus pratiquable,
Et l'on n'efpéroit les bons vents,
Qui rendent l'Onde navigable,
Et le Continent adorable.
Qu'à la naiffance du Printems.

Pendant ces trois mois de tempête,
Que faire fans Calendrier ?
Comment placer les jours de Fête ?
Comment les différencier ?
Dans une pareille méprife
Quelqu'autre Curé plus fçavant
N'auroit pû régir fon Eglife ;
Et peut-être, dévotement,
Bravant les fougues de la bife,

Se feroit livré, fans remife,
Aux périls du moite Elément :
Mais pour une telle imprudence,
Doué d'un trop bon jugement,
Notre bon Prêtre affurément,
Chériffoit trop fon exiftence;
C'étoit d'ailleurs un vieux routier
Qui s'étant fait une habitude
Des fonctions de fon métier,
Officioit fans trop d'étude,
Et qui dans fa décrépitude,
Dégoifoit Pfeaumes & Leçons
Sans y faire tant de façons.
Prenant donc fon parti fans peine,
Il annonce le premier mois,
Et recommande, par trois fois,
A fon Affiftance Chrétienne,
De ne point finir la femaine
Sans chomer la Fête des Rois.
Ces premiers points étoient faciles :
Il ne trouva de l'embarras
Qu'en penfant qu'il ne fçauroit pas
Où ranger les Fêtes mobiles.
Qu'y faire enfin ? Peu fcrupuleux,
Il décida ne pouvant mieux,
Que ces Fêtes, comme ignorées,
Ne feroient chez lui célébrées
Que quand, au retour du Zéphir,
Lui-même il auroit pu venir
Prendre langue dans nos contrées;
Il crut cet avis felon Dieu,
Ce fut celui de fon Vicaire,
De Javotte fa ménagere,
Et de fon Magifter Mathieu,
La plus forte tête du lieu.
    Ceci pofé, Janvier fe paffe;
Plus agile encore dans fon cours,

Février fuit, Mars le remplace,
Et l'Aquilon régnoit toujours ;
Du Printems avec patience,
Attendant le prochain retour,
Et, fur l'annuelle abftinence,
Prétendant caufe d'ignorance,
Ou bonnement, & fans détour,
Par faute de réminifcence,
Notre vieux Curé, chaque jour,
Se mettoit fur la confcience
Un chapon de fa baffe-cour ;
Cependant, pourfuit la Chronique,
Le Carême, depuis un mois,
Sur tout l'Univers Catholique
Etendoit fes auftéres loix :
L'Ifle feule, grace au bon-homme,
A l'abri des ftatuts de Rome,
Voyoit fes libres habitans
Vivre en gras pendant tout ce tems :
De vrai, ce n'étoit fine chére,
Mais cependant chaque Infulaire,
Mi-Payfan, & mi-Bourgeois
Pouvoit parer fon ordinaire
D'un fin lard flanqué de vieux pois,
A l'exemple du Presbytére,
Tous dans cette erreur falutaire.
Soupoient pour nous d'un cœur joyeux
Tandis que nous jeûnions pour eux.

Enfin, pourtant, le froid Borée
Quitta l'onde plus tempérée,
Voyant qu'il étoit plus que tems
D'inftruire nos impénitens,
Le Diable, content de lui-même,
Ne retarda plus le Printems ;
C'étoit lui, qui, par ftratagême,
Leur rendant contraire tout vent,
Avoit voulu, chemin faifant,

Leur efcamoter un Carême,
Pour fe divertir en paffant.
Le calme rétabli fur l'onde,
Mon Curé , felon fon ferment,
Pour voir comment alloit le monde,
S'embarque fans retardement ;
S'étant bien lefté la bedaine
De quatre tranches de jambon,
(Fait digne de réfléxion ;
Car de la fainte quarantaine
Déja la cinquiéme femaine
Venoit de commencer fon cours.)
Il vient : il trouve avec furprife
Que dans l'empire de l'Eglife,
Pâques revenoit dans dix jours.
» Dieu foit loué ! Prenons courage,
» Dit-il , enfonçant fon caftor,
» Grace au Seigneur , notre voyage
» Se trouve fait à tems encor
» Pour pouvoir dans mon hermitage
» Fêter Pâques felon l'ufage.
      Content, il rentre fur fon bord ;
Après avoir fait fes emplettes
Et d'almanach & de lunettes,
Il part, il arrive à fon port
Dans fes folitaires retraites.
Le lendemain , jour des Rameaux,
Prônant avec un zèle extrême,
Il notifie à fes Vaffaux
La date de notre Carême ;
» Mais, pourfuit-il, j'ai mon fyftême ;
» Mes freres, nous n'y perdrons rien,
» Et nous le ratraperons bien :
» D'abord, avant notre abftinence,
» Pour garder l'ufage ancien,
» Et bien remplir toute obfervance,
» Le Mardi gras fera Mardi,

» Le jour des Cendres, Mercredi;
» Suivront trois jours de pénitence,
» Dans toute l'Ifle on jeûnera;
« Et le Dimanche, unis à l'Eglife,
» Sans plus craindre aucune méprife;
» Nous chanterons l'*Alleluia.*

LE LUTRIN
VIVANT.

A Monfieur l'Abbé DE SEGONZAC.

DE mes écrits, aimable confident,
Cher SEGONZAC, ma Mufe folitaire,
De fes ennuis brifant la chaîne auftére,
Vient près de toi retrouver l'enjouement:
Je m'en fouviens, lorfqu'un fort plus charmant
Nous uniffoit fur les rives de Loire,
Aux champs heureux dont Tours eft l'ornement,
Lieux toujours chers au Dieu de l'agrément,
Je te promis qu'au Temple de Mémoire,
Je placerois le Pupitre vivant,
Dont je t'appris la naiffance & la gloire.
Je l'ai promis, je remplis mon ferment;
A dire vrai, cette moderne hiftoire
Eft un peu folle, il en faut convenir:
Eft-ce défaut? Non, fi c'eft un plaifir.
Dans les langueurs de la mélancolie,
Quoi! la fageffe eft-elle de faifon?
Un trait comique, une vive faillie,
Marqués au coin de l'aimable folie,
Confolent mieux qu'une froide Oraifon
Que prêche en vain l'ennuyeufe raifon.
Quoiqu'il en foit, ma Minerve févére
Adoucira ces grotefques portraits,

Et les voilans d'une gaze legére,
Ne montrera que la moitié des traits.
Venons au fait : Honni qui mal y penfe !
Attention : j'ai touffé, je commence.
　　Non loin des bords du Cher & de Lauron,
Dans un climat dont je tairai le nom,
Eft un vieux Bourg dont l'Eglife fans vitres,
A pour Clergé le plus gueux des Chapitres;
Là, ne font point de ces mortels fleuris,
Qui, dans les bras d'une heureufe indolence,
Exempts d'étude & libres d'abftinence,
N'ont qu'à nourrir leur brillant coloris;
On ne voit-là que pâles effigies,
Qui du Champagne onc ne furent rougíes,
Que maigres Clercs, Chanoines avortons,
Sans rabats fins & fans triples mentons,
Contraints d'aller, traînant leurs faces blêmes
A chaque Office, & de chanter eux-mêmes.
　　Ils ont pourtant, pour aider leur labeur,
Un Chapelain & quatre Enfans de Chœur;
Ces Jouvenceaux ont leur gîte arrêté
Chez Dame Barbe : elle leur fert de mere
Et de foutien, le Public eft leur pere.
Il faut fçavoir, pour plus grande clarté,
Que Dame Barbe eft une Octogénaire,
Fille jadis, aujourd'hui Douairiére,
Qui, dès feize ans, d'un fiécle corrompu
Craignant l'écueil, pour mettre fa vertu
Mieux à couvert des Mondains & des Moines,
Crut devoir vivre auprès d'un des Chanoines.
D'abord fervante, enfuite adroitement
Elle parvint jufqu'au gouvernement :
Déja trois fois elle a vû dans l'Eglife
De pere en fils chaque charge tranfmife.
Barbe, en un mot, au Chapitre fufdit,
De race en race a gardé fon crédit.
　　Or, chez ladite arriva notre hiftoire,

En Juin dernier ; l'avanture eft notoire ;
Par cas fortuit, l'Enfant-de-Chœur Lucas ;
Avoit ufé l'Etui des Pays-Bas :
Vous m'entendez, fa Culotte trop mûre
Le trahiffoit par mainte découpure ;
Déja la bréche augmentant tous les jours ;
Démanteloit la Place & les Fauxbourgs.
Barbe le voit, s'attendrit ; mais que faire ?
Elle étoit pauvre, & l'étoffe étoit chére ;
D'une autre part, le Chapitre étoit gueux ;
Et puis d'ailleurs le petit Malheureux,
Ouvrage né d'un Auteur anonime,
Ne connoiffant parens ni légitime,
N'avoit en tout, dans ce ftérile lieu,
Pour fe chauffer, que la grace de Dieu.
Il languiffoit dans une trifte attente,
Gardant la chambre & rarement debout :
Enfin, pourtant l'habile Gouvernante
Sçut lui forger une amure décente
A peu de frais & dans un nouveau goût ;
Néceffité tire parti de tout ;
Néceffité d'induftrie eft la mere :
Chez Barbe étoit un vieux Antiphonaire,
Vieux Graduel, ample & poudreux Bouquin,
Dont aux bons jours on paroit le Lutrin ;
D'épais lambeaux d'un parchemin gothique,
Formoient le corps de ce Grimoire antique ;
De fes feuillets de la craffe endurcis
L'âge avoit fait une étoffe en glacis.
La Vieille crut qu'on pouvoit, fans dommages,
Du Livre affreux détacher quelques pages ;
Elle en prend quatre, & les couds proprement
Pour relier un Volume vivant :
Mais le hazard voulut que l'Ouvriére,
Très-peu fçavante en pareille matiére,
Dans les feuillets qu'elle prit fans façon,
Prît juftement la Meffe du Patron.

L'ouvrage

VIVANT.

L'ouvrage fait, elle en coëffe, à la diable ;
L'humanité du petit misérable :
Par quoi Lucas, chamarré de plein-chant,
Ne craignoit plus les insultes du vent.
Or, cependant arrive la Saint Brice,
Fête du lieu, Fête du grand Office ;
Le Maître Chantre, Intendant du Lutrin ;
Vient au grand Livre, il cherche, mais en vain,
A feuilleter il perd & tems & peine :
Il jure, il sacre, & s'imagine enfin
Qu'un chœur de rats a mangé les Antiennes ;
Mais par bonheur, dans ce triste embarras,
Ses yeux distraits rencontrent mon Lucas,
Qui, de grimauds renforçant une troupe,
Sans le sçavoir, portoit l'Office en croupe :
Le Chantre lit, & retrouve au niveau
Tous ses Versets sur ce Livre nouveau.
Sur l'heure il fait son raport au Chapitre ;
On délibére, on décide soudain
Que le Marmot, braqué sur le Pupitre,
Y servira de Livre & de Lutrin.
Sur cet Arrêt, on le stile au service ;
En quatre tours il aprend l'exercice ;
Déja d'un air intrépide & dévot,
Lucas s'accroche à l'Aigle du pivot ;
A livre ouvert, le Chapier en lunettes
Vient entonner, une groupe de mazettes
Très-gravement poursuit ce chant fallot,
Concert-grotesque & digne de Callot.
    Tout alloit bien jusques à l'Evangile :
Ferme, & plus fier qu'un Sénateur Romain ;
Lucas tenant sa façade immobile,
Avec succès auroit gagné la fin :
Mais, par malheur, une guêpe incivile ;
Par la coûture entr'ouvrant le vélin,
Déconcerta le sensible Lutrin.
D'abord il souffre, il se fait violence,

E

En tenant bon , il enrage en silence.
Mais l'aiguillon allant toujours son train ;
Pour éviter l'insecte impitoyable,
Le Lutrin fuit en criant comme un diable ;
Et loin de-là , va partant comme un trait,
Pour se guérir, retournant le feuillet.
Le fait est sûr, sans peine on peut m'en croire ;
De deux Gascons je tiens toute l'Histoire.

    C'est pour toi seul , ami tendre & charmant ;
Que j'ai permis à ma Muse exilée,
Loin de tes yeux tristement isolée ,
De s'égayer sur cet amusement,
Fruit d'un caprice , ouvrage d'un moment,
Que loin de toi , jamais il ne transpire.

    Si , par hazard , il vient à d'autres yeux ;
Les esprits francs qui daigneront le lire ,
Sans s'apliquer , follement scrupuleux ,
A me trouver un crime dans mes jeux ,
Honoreront peut-être d'un sourire
Ce libre essor d'un aimable délire,
Délassement d'un travail sérieux.
Pour les bigots & les froids précieux ,
Peuple sans goût, gens qu'un faux zèle inspire ;
De nos chansons critiques ténébreux ,
Censeurs de tout , exempts de rien produire,
Sans trop d'effroi je m'attens à leur ire.
Déja j'en vois un trio langoureux
S'ensévelir dans un réduit poudreux,
Fronder mes Vers , foudroyer & proscrire
Ce badinage , en faire un monstre affreux ;
Je les entends gravement s'entredire,
D'un air capable & d'un ton doucereux :
» Y pense-t'il ? Quel écrit scandaleux !
» Quel tems perdu ! Pourquoi , s'il veut écrire ;
» Ne prend-il point des sujets plus pompeux,
» Des traits moraux, des éloges fameux ? . . .
Mais dédaignant leur absurde satyre ,

43

Aimable Abbé, nous ne ferons que rire
De voir ainsi ces graves ennuyeux
Perdre, à gronder, à me chercher des crimes,
Bien plus de tems & de peines entr'eux,
Que je n'en perds à façonner ces rimes.
Pour toi fidèle au goût, au sentiment,
Franc des travers de leur aigre doctrine,
Tu n'iras point peser stoïquement,
Au grave poids d'une raison chagrine,
Les jeux legers d'une muse badine,
Non, la raison, celle que tu chéris,
A ses côtés laisse marcher les ris,
Et laisse au froc ces vertus trop fardées,
Qu'un plaisir fin n'a jamais déridées.
Ainsi pensoit l'amusant du Cerceau;
Sage enjoué, vertueux sans rudesse,
Des sages faux évitant la tristesse:
Il badina sans s'écarter du beau,
Et sans jamais effrayer la sagesse.
Ainsi les traits de son heureux pinceau
Plairont toujours, & de races en races
Vivront gravés dans les fastes des Graces,
Et les Censeurs obstinés à ternir
Son art chéri, par l'ennui pédantesque
D'un François fade ou d'un latin tudesque,
Endormiront les siécles à venir.

F I N.

www.ingramcontent.com/pod-product-compliance
Lightning Source LLC
LaVergne TN
LVHW022017080426
835513LV00009B/768